L'AVOCAT
DES DAMES

COMÉDIE-VAUDEVILLE EN UN ACTE

DE

MM. HIP. RIMBAUT ET RAIMOND DESLANDES

Représentée pour la première fois, à Paris, sur le théâtre
du Palais-Royal, le 18 juin 1864.

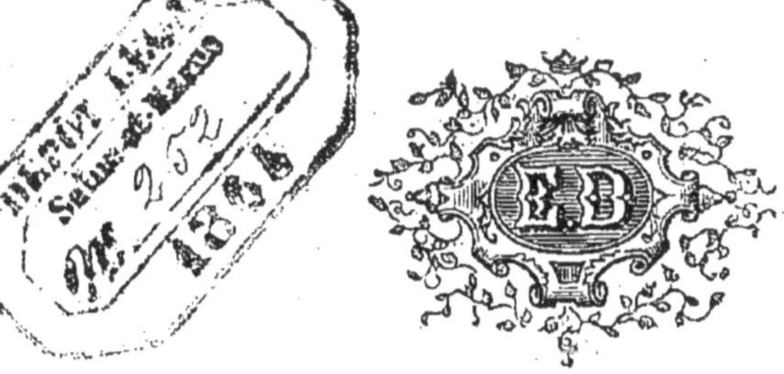

PARIS
E. DENTU, ÉDITEUR

LIBRAIRE DE LA SOCIÉTÉ DES GENS DE LETTRES

PALAIS-ROYAL, 17 ET 19, GALERIE D'ORLÉANS

Et à la LIBRAIRIE CENTRALE, 24, Boulevard des Italiens.

—

L'AVOCAT

DES DAMES

Coulommiers.—Typ. A. MOUSSIN et Ch. UNSINGER.

L'AVOCAT
DES DAMES

COMÉDIE-VAUDEVILLE EN UN ACTE

DE

MM. HIP. RIMBAUT ET RAIMOND DESLANDES

Représentée pour la première fois, à Paris, sur le théâtre
du Palais-Royal, le 18 juin 1864.

PARIS

E. DENTU, EDITEUR

LIBRAIRE DE LA SOCIÉTÉ DES GENS DE LETTRES

PALAIS-ROYAL, 17 ET 19, GALERIE D'ORLÉANS

Et à la LIBRAIRIE CENTRALE, 24, boulevard des Italiens.

1864

PERSONNAGES.	ACTEURS.
COLIBRI, avocat.	MM. Pristox.
PIQUENDAIRE.	Thierry.
DANDIN, domestique.	Fizelier.
JULIETTE COLIBRI.	Mmes Keller.
Mme PIQUENDAIRE.	Delille.
ALICE CHAMPIGNY,	L. Ferraris.

La scène se passe de nos jours.

S'adresser pour la mise en scène détaillée, à M. Guénée, régisseur de la scène du théâtre du Palais-Royal et pour la musique, à M. Victor Robillard, chef d'orchestre du théâtre.

Nota : Les indications sont prises de la gauche du spectateur.

L'AVOCAT
DES DAMES

Le théâtre représente un élégant cabinet d'avocat. Etagère. Potiches, objets en tapisserie etc. Bibliothèque, porte au fond, portes latérales, pans coupés 2ᵉ plan une porte dérobée à droite. Cheminée à droite, canapé près de la cheminée, pendules, etc. Une table bureau, 1ᵉʳ plan à gauche, au fond deux guéridons, un à droite, un à gauche, une meuble de boule, à gauche, sur ce meuble un buste de Cicéron.

SCÈNE PREMIÈRE *

DANDIN, puis MADAME PIQUENDAIRE. (Au lever du rideau Dandin à la porte de la chambre de Colibri à droite, parle à la cantonade.)

DANDIN.

Soyez tranquille, monsieur, je vais les faire patienter... D'abord, les femmes ça cause. (Il va à la porte du fond et l'ouvre.)

MADAME PIQUENDAIRE, entrant en criant.

Mon tour !... mon tour !... j'ai un tour de faveur.

DANDIN.

Madame, il y a bien d'autres clientes avant vous... prenez votre numéro.

MADAME PIQUENDAIRE, le repoussant.

Je suis dans la place, j'y reste... il faut absolument que je parle à maître Colibri.

DANDIN.

Ah ! ça, vous n'en avez pas encore fini avec votre brigand

---

* Mad. Piquendaire, Dandin.

de mari?... Monsieur vous a séparés... que voulez-vous de plus ?

MADAME PIQUENDAIRE.

Ce n'est pas moi qui veux, c'est lui, le monstre! il me demande une pension alimentaire... il prétend que je le nourrisse à rien faire.

DANDIN.

Ah! elle est bonne! du reste, je comprends son désir.

MADAME PIQUENDAIRE.

Oui, mais minute!... nous replaiderons.

DANDIN.

Un nouveau procès... bravo!... c'est pour cela que vous voulez voir Monsieur? Impossible.

MADAME PIQUENDAIRE.

Comment ?

DANDIN.

Il est indisposé.

MADAME PIQUENDAIRE.

Malade! il est malade ce cher M. Colibri ?

DANDIN.

On est du barreau... mais on n'est pas de fer.

Air : *De l'Apothicaire.*

Un avocat, c'est un moulin
Où chaque plaideur qui s'obstine,
A toute heure apporte le grain
Dont sa parole est la farine,
Mais mon maître, j'en ai le trac,
Abusant de sa réthorique,
A force de faire tic tac,
A détraqué sa mécanique
A force de faire tic, tac,
Il a cassé sa mécanique,

MADAME PIQUENDAIRE.

Et dire que c'est peut-être en gagnant mon procès.

DANDIN.

Qu'il a perdu la voix... mon Dieu! oui.

MADAME PIQUENDAIRE.

Un si bel organe !

DANDIN, à part.

Pourvu que Monsieur n'entre pas.

MADAME PIQUENDAIRE.

Et pendant l'absence de sa femme, est-il bien soigné?

DANDIN.

La garde veille... et le traite par les rafraîchissants...

MADAME PIQUENDAIRE.

Mon petit Dandin, laisse-moi pénétrer auprès de son chevet, rien qu'un instant.

DANDIN, l'observant.

Vous êtes bien sensible !...

MADAME PIQUENDAIRE.

Comment ne le serais-je pas? un homme à qui je dois tant, qui m'a débarrassée de mon mari.

DANDIN.

Ah ! oui... la reconnaissance...

MADAME PIQUENDAIRE.

Plus encore peut-être !... un sentiment moins vulgaire... une tendresse que tu ne saurais comprendre.

DANDIN.

Comme qui dirait une tendresse de mère.

MADAME PIQUENDAIRE.

Plus encore !... une mixture de toutes les sympathies... une macédoine de tous les dévouements... j'entrerai... (Elle se dirige vers la porte de droite.) Tiens... (Elle tire de l'argent de sa poche et l'offre à Dandin.)

DANDIN, lui barrant le passage.

Désolé de vous refuser. (Il met l'argent dans sa poche.) Mais la consigne du médecin...

MADAME PIQUENDAIRE.

Au fait... il a raison... mais plus tard !...

DANDIN.

C'est cela... plus tard... dans l'après-midi...

MADAME PIQUENDAIRE.

Tu me laisseras entrer ! En attendant redouble de soins. (Elle tire de nouveau de l'argent de sa poche.) Tiens ! (Elle sort.)

DANDIN.

Elle paie le sirop !

SCÈNE II

DANDIN, seul, puis COLIBRI.

DANDIN.

En voilà une glu ! je l'ai bien mise dedans... Pourvu que Monsieur ne la trouve pas mauvaise... car il n'est pas plus malade que moi. Voyons, mettons un peu d'ordre, pendant qu'il achève sa toilette... (Il range les papiers sur le bureau, il prend un plumeau et épousette le buste de Cicéron.) Voilà un ancien qui

avait la langue bien pendue, à ce qu'il paraît !... Maître Cicéron !... un vieux bâtonnier...

COLIBRI, * il entre de droite, il est enveloppé dans une robe de chambre très-élégante, il fredonne ces paroles de Nadaud.

» Je t'ai promis, petite folle,
» De t'écrire au moins une fois.

DANDIN.

Ah ! monsieur, vous l'avez échappé belle !

COLIBRI.

Comment cela ?

DANDIN.

Madame Piquendaire !...

COLIBRI.

Eh bien !

DANDIN.

Ma foi, Monsieur, j'ai pris sur moi de vous en débarrasser.

COLIBRI.

Qui vous avait chargé de ce soin, monsieur Dandin ?

DANDIN.

Oh ! moi, monsieur, j'ai de l'œil...

COLIBRI.

Vous avez trop d'œil, monsieur Dandin.

DANDIN.

J'avais cru faire plaisir à Monsieur.

COLIBRI.

C'est bien... moins de zèle dorénavant. (A part.) soyons di-
gne avec la livrée **

» Que te dirai-je, que je t'aime ?
» Méchante, vous le savez bien !

DANDIN.

Monsieur sait qu'il y a des clientes dans le salon.

COLIBRI, avec une indifférence affectée.

Jeunes ou vieilles ?

DANDIN.

Ni belles, ni laides... rien de saillant !

COLIBRI.

Alors qu'elles attendent. Le programme des spectacles ?

* Dandin, Colibri.
** Dandin, Colibri.

DANDIN, prenant sur la table le journal et les lettres.

Voici le programme et le courrier de Monsieur. (Colibri ne prend que le journal et Dandin dépose les lettres sur la table.)

COLIBRI, s'assied sur le canapé et parcourt le programme.

Tiens! il y a une première représentation aux Bouffes-Parisiens. Dandin tu auras soin de retenir mon coupon.

DANDIN.

Oui, monsieur.

COLIBRI, parcourant le programme.

Alice joue-t-elle ce soir?... non... *Relâche pour la répétition générale d'une féerie.* Elle est charmante, cette petite baladine, et malgré tout ce que j'ai pu dire au tribunal pour faire triompher madame Picquendaire, sa rivale, ma conscience ne peut refuser au mari bien des circonstances atténuantes : c'est égal... j'ai bien malmené les deux coupables. Eh bien, Alice n'a pas l'air de m'en vouloir... hier j'étais à l'orchestre... il m'a semblé qu'elle tournait vers moi des regards miséricordieux... Du feu, Dandin.

DANDIN, présentant une allumette.

Voilà, monsieur!

COLIBRI, *se levant et allant à son bureau.

Voyons ma correspondance... (Il s'assied.) Diable! elle est chargée!... (Il ouvre ses lettres les unes après les autres. Dandin sort à droite.)

« Mon cher avocat.

« Jules refuse toujours de m'épouser.

Dossier des dettes du cœur!

Quel est ce petit paquet? un porte-cigare et une lettre de mademoiselle Cora.

« Amour d'avocat,

« Il est des services qu'on n'acquitte pas avec de l'argent... (Parlé), merci bien!... un porte-cigare! voilà des honoraires qui s'en vont en fumée, (Il envoie une bouffée de fumée.) Passons! (Il ouvre une autre lettre, qu'il respire). Hum!... on en mangerait! (Il rit et se lève.)

« Monsieur,

« Voulez-vous avoir la bonté d'accorder quelques instants
« d'audience a une ennemie intime, qui désire vous proposer
« un traité de paix; elle se présentera chez vous ce matin, à
« onze heures, et pour éviter de faire antichambre, elle sera

* Colibri, Dandin.

« reconnaissable à son mantelet noir et à son ombrelle blanche.
          « Alice Champginy, artiste dramatique, »
    Alice!.., elle va venir!... et elle me propose un traité de
paix ; est-ce qu'elle voudrait payer les frais de la guerre?...
voilà une journée qui commence bien ! (Il prend une autre lettre
et regarde la suscription.) Ah ! sapristi ! l'écriture de ma femme !
(Il ouvre la lettre). Oui... Juliette !... autre guitare !

          « Mon cher petit Roméo,

    (Parlé.) Cette tendresse Shakespearienne m'effraie, (Il lit).
« Je me résigne à suivre ton conseil, bien qu'il m'en coûte
« beaucoup ; je resterai quinze jours de plus à la campagne,
« puisque tu penses que le chant de l'alouette me réussit ;
(Parlé.) Je respire. (Lisant.) « Mais surtout soyez bien sage,
« monsieur ! ayez toujours devant les yeux l'article 212 du
« code civil. Les époux se doivent mutuellement fidélité !... »
(Parlé.) La fille de l'avoué qui perce !... onze heures !.... voici
l'heure de la bergère (Il sonne, Dandin paraît).
                              DANDIN.
    Monsieur a sonné ?
                         COLIBRI, à Dandin.
    Il va venir une jeune dame avec un chapeau noir et une
ombrelle blanche... tu la feras entrer tout de suite.
                         DANDIN, sortant.
    Oui monsieur... (A part.) signes particuliers. Consultation
gratuite. (Il sort par le fond).

SCÈNE III

COLIBRI, devant la glace, s'attiffant.

    Faisons reluire notre armure... quelques mouches,.. un
œil de poudre !... je puis recevoir la Guimard !

SCÈNE IV

COLIBRI, ALICE, DANDIN.

          DANDIN, introduisant Alice.
    Par ici, mademoiselle, par ici... (Dandin sort.)
                    ALICE, * entrant par le fond.
    Bonjour, maître Colibri.

    * Alice, Dandin.

COLIBRI, saluant.

Madame !...

ALICE.

Vous avez dû être bien surpris ce matin, en recevant mon petit griffonnage. Vous ne vous attendiez guère à ma visite, n'est-ce-pas ?

COLIBRI.

C'est vrai'!

ALICE.

Moi qui devrais vous arracher les yeux !

COLIBRI.

Tout au plus la langue !...

ALICE.

Pour m'avoir si bien arrangée dans le procès Piquendaire.

COLIBRI.

Vous étiez le corps du délit ! je vous ai ménagée autant que possible...

ALICE.

Dites donc, malhonnête ! vous appelez ça ménager... mais soyez tranquille... je ne vous en veux pas... au contraire... je vous dois un fier service, vous m'avez rendu tout à fait odieux cet affreux Piquendaire, qui ne battait plus que d'une aile.

COLIBRI, souriant.

Il avait perdu trop de ses plumes !...

ALICE, idem.

C'est possible !... toujours est-il que je l'ai congédié à la suite de l'audience ; quant à moi, vous m'avez si galamment maltraitée que je n'ai que des remerciements à vous adresser ; on n'a pas toujours la bonne fortune d'avoir des réclames tournées comme les vôtres.

COLIBRI, à part.

Elle est charmante.

ALICE.

C'est ce qui m'a décidée à vous confier mon procès contre mon directeur.

COLIBRI.

C'est là votre traité de paix avec moi ?

ALICE.

Une affaire qui fera du bruit dans Landerneau, (Regardant autour d'elle). Savez-vous que vous êtes très-bien ici... joli petit nid !... (Elle remonte).

COLIBRI.

Où il ne manque que des tourtereaux.

ALICE, haussant les épaules, elle dépose son ombrelle sur le bureau.
Farceur !... vous permettez... je suis un peu curieuse...
COLIBRI.
Comment donc ! Entre alliés !
ALICE, examinant l'appartement.
Je m'étais fait une toute autre idée d'un cabinet d'avocat.
COLIBRI.
Vraiment !...

Air : *Restez, restez troupe jolie.*

Vous supposiez un antre sombre,
De la chicane affreux réduit
Des gros sacs de procès dans l'ombre,
Mais les plaideuses d'aujourd'hui
En venant chercher un appui,
Fuiraient des abords aussi rudes.

ALICE.
Oui la chicane, on peut le voir,
Par égard pour nos habitudes,
A changé son antre en boudoir
Par égard pour nos habitudes,
Son antre se change en boudoir.

COLIBRI.
C'est présentable au moins ! ça rassure l'innocence persé-
cutée... les victimes de la tyrannie conjugale, et d'autres
encore...
ALICE.
Un joli refuge !... et je conçois qu'il ne s'élève pas un
nuage dans le ciel des ménages parisiens, sans qu'il vienne
s'éclaircir ici...
COLIBRI.
C'est vrai, il ne se donne pas un coup de canif sans qu'il
retentisse dans ce cabinet, on ne se sépare pas à Paris sans
mon consentement, je suis le défenseur officiel du sexe faible,
l'avocat juré des dames.
ALICE, riant.
On peut dire de vous, ce que l'on disait de ce comédien
célèbre...
COLIBRI.
Que disait-on ?
ALICE.
Il a les femmes pour lui.
COLIBRI, avec une fausse modestie.
Le mot n'est pas rigoureusement vrai.

ALICE.

- Voyons, voyons,... causons de mon procès. (Elle passe et va au canapé. *)

COLIBRI.

De quoi s'agit-il? asseyez-vous donc.

ALICE, s'asseyant.

Voici la situation.

COLIBRI, s'asseyant.

Je vous écoute !

ALICE.

J'ai pour Directeur un vieux céladon... il me trouve à son goût.

COLIBRI, lui prenant la main.

Voyez-vous ça, le gourmand !

ALICE.

Et il me poursuit de ses soupirs sexagénaires !... Colombine lutinée par Cassandre... ce n'est pas drôle !

COLIBRI.

Vous lui préférez Arlequin ?...

ALICE.

Naturellement !..

COLIBRI, lui baisant la main.

Heureux Arlequin !

ALICE.

Alors, il n'est sorte de méchants tours qu'il ne me joue.

COLIBRI, lui baisant la main.

Infortunée Colombine !

ALICE, se défendant.

Eh bien ! eh bien ! monsieur.

COLIBRI.

Ne faites pas attention, souvenir de pantomine !...

ALICE.

Vous ne vous figurez pas à combien de petites lâchetés se trouve exposée l'artiste qui rejette le mouchoir du sultan... C'est une guerre à coups d'amendes et de mauvais rôles. Dans l'espèce, comme vous dites vous autres avocats, il s'agit d'un rôle à jambes qu'il veut m'imposer dans une pièce à femmes.

COLIBRI, riant.

Un rôle à jambes !

ALICE.

Oui, un rôle qui n'est qu'un costume !... Et encore !... un costume qui finit là où il devrait commencer... un personnage de statue !

* Colibri, Alice.

COLIBRI.

Une statue! vous, l'idiot!... aurait-il la prétention de vous animer?

ALICE.

Il veut plutôt m'éteindre... mais il n'y arrivera pas, (Elle se lève et passe *.)

COLIBRI, se levant.

Oh! non... nous brûlerons malgré lui!

ALICE.

D'abord, pour commencer, après la lecture de la pièce, je lui ai jeté le rôle à la figure.

COLIBRI.

Et qu'a-t-il répondu?

ALICE.

Il m'a envoyé du papier timbré, mais je m'en moque, de son papier timbré!... Nous plaiderons, et nous gagnerons.

COLIBRI.

Je l'espère... avez-vous votre engagement?

ALICE.

Non, mais je vous l'apporterai... mon emploi y est parfaitement défini... Ensuite, j'ai quelques autographes curieux de cet amoureux... de sainte Périne.

COLIBRI.

Une correspondance secrète... bravo!... ça égaiera l'audience; remettez-moi le dossier de votre directeur! ah! mais j'y pense... une idée excellente.

ALICE.

Laquelle?

COLIBRI.

Vous ne jouez pas ce soir?

ALICE.

Non!

COLIBRI.

Si nous dinions ensemble? — Nous pourrions causer de l'affaire plus à fond.

ALICE.

En voilà une proposition!

COLIBRI.

Dîner avec son avocat... c'est légal.

ALICE.

Légal!... Légal!...

COLIBRI.

-Et puis ici... on ne peut pas causer, on n'est jamais seul!

* Alice, Colibri.

ALICE, riant.

Vous avez besoin de vous recueillir?

COLIBRI.

C'est indispensable.

ALICE.

Vous m'en direz tant !...

COLIBRI.

Vous acceptez? c'est convenu ! (Il lui embrasse la main.)

ALICE.

Arlequin reconnaissant !... Tableau !

COLIBRI.

A six heures, j'irai vous prendre.

ALICE.

Ah ! vous savez, rue de la Bruyère, (Alice remontant vers la porte du fond.)

SCÈNE V

LES MÊMES, DANDIN *.

DANDIN, très-ému.

Monsieur ! Monsieur !...

COLIBRI.

Qu'y a-t-il?

DANDIN, prenant Colibri à part.

Madame vient d'arriver.

COLIBRI, ému.

Ma femme !

DANDIN.

Elle descend de voiture.

COLIBRI.

Sapristi.

ALICE.

Je vous gêne peut-être?

COLIBRI, ému.

Non, non... c'est mon domestique qui m'annonce l'arrivée tout à fait inattendue d'une parente de province.

ALICE.

Alors, je vous laisse. (Elle prend son ombrelle sur le bureau.)

COLIBRI, à Dandin.

Retiens ma femme ! (A Alice) je vous demande pardon... (Dandin sort.)

* Alice, Colibri, Dandin.

ALICE.

Puisque nous devons nous retrouver ce soir. (Elle remonte pour sortir par le fond.)

COLIBRI, la suivant.

Oui!... oui!...

ALICE, lui donnant la main.

Au revoir. (Elle va pour sortir par la porte du fond.)

COLIBRI, la faisant passer*.

Non... par ici... (Il lui désigne la petite porte dérobée, 2ᵉ plan.)

ALICE.

C'est juste, l'entrée des artistes! à bientôt, (Elle sort, 2ᵉ plan droite.)

SCÈNE VI

COLIBRI, un instant seul.

Ma femme! et ce dîner dans lequel je me suis embarqué...

DANDIN, en dehors.

Monsieur est dans son cabinet.

COLIBRI.

Je l'entends!... vite, faisons-nous un masque!... (Colibri se met à son bureau; étale les papiers et semble plongé dans son travail.)

SCÈNE VII

DANDIN, JULIETTE, COLIBRI.

DANDIN, très-haut en dehors.

Monsieur va être bien content, allez, madame...

COLIBRI, très-ému.

La voici, je dois être pâle...

JULIETTE, entrant.**

Que de monde, mon Dieu !

COLIBRI, redressant la tête et se levant.

Juliette !... comment, c'est toi !... (L'embrassant.)

DANDIN, à part en sortant à droite.

Monsieur fait une drôle de mine !

JULIETTE,*** qui a dénoué les rubans de son chapeau.

Oui, monsieur, c'est moi. Tu ne t'attendais pas à me revoir sitôt, n'est-ce pas ?...

* Colibri, Alice.
** Colibri, Juliette, Dandin.
*** Colibri, Juliette.

COLIBRI , troublé.

En effet, d'après ta lettre que je viens de recevoir...

JULIETTE.

Je voulais te ménager une surprise.

COLIBRI, troublé.

Une surprise !... très-gentil/... très-gentil !...

JULIETTE.

Et puis je n'étais pas fâchée de tomber chez vous comme une petite bombe... D'autant plus que vos dernières instructions, monsieur, ne laissaient pas que de m'inspirer quelques inquiétudes.

COLIBRI.

Des inquiétudes ?...

JULIETTE.

Sans doute... un mari qui écrit à sa femme : ne te presse pas de revenir, ma bonne chatte... ce n'est pas fait pour la rassurer.

COLIBRI, embarrassé.

Comment! dans l'intérêt de ta santé!... (A part.) Les femmes ont un flair !...

JULIETTE, avec doute.

Et il n'y a pas d'autres raisons?...

COLIBRI.

Que veux-tu dire?

JULIETTE.

Des raisons d'état par exemple ?..... et comme je ne suis pas femme à abdiquer, je me suis dit : allons donc voir ce qui se passe dans mon royaume.

COLIBRI, un peu rassuré.

Que pourrais-tu avoir à craindre?

JULIETTE, fièrement.

Je me méfie des puissances étrangères.

COLIBRI.

Armée comme tu l'es, et si raisonnable d'ailleurs... la vérité vois-tu, c'est que je suis plus que jamais surchargé d'affaires et que je craignais de ne pouvoir te donner assez de temps.

JULIETTE.

Tu es très-occupé ?

COLIBRI. *

Exténué de travaux..... mon cabinet ne désemplit pas. Tu as vu; lorsque tu es entrée, j'étais plongé dans les dossiers.

JULIETTE.

Oui , mais toujours des clientes ?...

* Juliette, Colibri.

COLIBRI.

Sans doute, puisque c'est ma spécialité...

JULIETTE.

Une spécialité de jolies femmes !

COLIBRI.

Oh ! mon Dieu !... il y en a plus de vieilles que de jeunes,
plus de laides que de jolies... au reste je n'y fais guère attention.... les clients n'ont pas de sexe pour moi... les affaires,
je ne vois que cela !

JULIETTE.

C'est égal, il me semble que je serais plus rassurée, si tu
étais nommé substitut.

COLIBRI.

Ah ! oui... substitut à Montreuil.

JULIETTE.

Tu n'as qu'à dire un mot, tu sais... la place est à ta dis-
position.

COLIBRI.

Toujours ton petit dada ! nous en reparlerons.... pour le
moment l'essentiel, c'est que je gagne de l'argent, beaucoup d'argent, pour satisfaire tous tes caprices, pour te créer
une existence pavée de bijoux, tapissée de cachemires, et ca-
pitonnée de toileetts nouvelles.

JULIETTE.

A la bonne heure. Voilà comme on parle, quand on est l'a-
vocat... de sa femme.

COLIBRI.

Je crois que j'ai parlé d'or.

JULIETTE.

Mais surtout, monsieur, persistez dans vos conclusions,
comme on dit au palais... j'ai l'œil sur vous.

COLIBRI.

Oh ! je suis bien tranquille.

JULIETTE.

Si vous oubliez vos devoirs.... je connais mes droits.... j'ai
appris à lire dans ce petit volume... (Elle prend le Code qui est
sur le bureau.)

COLIBRI.

Oui, oui... tu as été bercée sur les genoux d'un avoué...je
sais... (A part) elle m'enverrait du papier timbré.... (Haut.)
Mais tu vois j'ai le calme de l'innocence... (Il l'embrasse, on en-
tend sonner deux heures. — A part.) Deux heures ! chère amie,
je te demande pardon, je suis attendu au Palais.

JULIETTE.

Va à tes affaires, mon ami, je rentre un instant chez moi.
Ah ! j'oubliais... mon père nous attend pour diner.

COLIBRI, embarrassé.

Ah ! ton père... (A part.) Décidément, je vais me dégager.
(Il va à la cheminée et sonne.)

JULIETTE.

Est-ce que tu avais d'autres projets ?

COLIBRI.

Non... non, aucun...

DANDIN, entre avec la robe et la toque de Colibri, qu'il dépose
sur le canapé.

Monsieur à sonné ?

COLIBRI.

Oui... mon habit.... mon chapeau (Juliette prend son chapeau
qu'elle a déposé sur un meuble à gauche. Dandin sort un instant pour
chercher la redingote et le chapeau de Colibri.)

JULIETTE.

A tout à l'heure...

Air : *Du compagnon.*

Heureux
Tous deux,
A tab   nous pourrons j'espère.
Avec $\left\{\begin{array}{c}\text{mon}\\\text{ton}\end{array}\right\}$ père.
Fêter le jour.
De $\left\{\begin{array}{c}\text{mon}\\\text{ton}\end{array}\right\}$ retour.

(Juliette sort à gauche, pan coupé.)

COLIBRI. *

Et ce dîner... comment sortir de là?...

DANDIN. rentrant et déposant la redingote sur une chaise.

On vient d'apporter la robe neuve de Monsieur... Monsieur
ne l'essaie pas ?

COLIBRI.

Je suis trop pressé, non... non... (A part.) Je n'ai que ce
moyen... aller trouver Alice !...

DANDIN, aide Colibri à passer sa redingote.

Monsieur sait que les clientes attendent là depuis ce
matin ?

COLIBRI.

Elles ont assez attendu !... renvoie les... si on me demande, je suis au palais. (Colibri sort par une porte latérale de droite,
pan coupé.)

* Colibri, Dandin.

SCÈNE VIII

DANDIN, seul à la cantonade.

Mesdames maître Colibri ne peut pas vous recevoir, une affaire urgente l'appelle au Palais !

VOIX, au dehors.

Oh ! oh !

DANDIN, fermant la porte.

Murmures du peuple ! (Il prête l'oreille.) Je n'entends plus rien.

SCÈNE IX

DANDIN, M^{mo} PIQUENDAIRE. *

MADAME PIQUENDAIRE, ouvrant mystérieusement la porte du fond.

Psit... psit...

DANDIN, se retournant.

Hein ? La Piquendaire.

MADAME PIQUENDAIRE, bas.

Tu es seul ?

DANDIN, bas.

Vous le voyez bien.

MADAME PICQUENDAIRE.

Il dort ?

DANDIN.

Qui ?

MADAME PICQUENDAIRE.

Comment va-t-il ?

DANDIN, bas.

Qui ça ?

MADAME PIQUENDAIRE, bas.

Eh bien, lui, ce cher Colibri...

DANDIN, à part.

Ah ! c'est vrai,... j'avais oublié (Bas). Il va mieux !

MADAME PIQUENDAIRE, bas.

O Joie ! alors, je vais pouvoir le voir... lui parler...

DANDIN, bas.

Impossible !... Il vient de partir au Palais.

* Dandin, mad. Piquendaire.

MADAME PIQUENDAIRE, haut.

Il est sorti ?

DANDIN, haut.

A l'instant... vous ne l'avez pas rencontré ?... vous n'avez pas de chance.

MADAME PIQUENDAIRE, soupirant.

C'est vrai... pas de chance... il faut pourtant que je lui dise... je cours au Palais.

DANDIN.

C'est cela, dépêchez-vous... vous arriverez en même temps que lui *. (Dandin remonte, Madame Piquendaire passe.)

MADAME PIQUENDAIRE, démasquant un bouquet de violettes de Parme le dépose sur le bureau pendant que Dandin ne la regarde pas.

DANDIN, revenant en scène et la pressant de sortir.

Allons... dépêchez-vous !

MADAME PIQUENDAIRE, chantant à dami-voix.

Et si je ne suis pas là,
Mon bouquet du moins y sera.

(Dandin reconduit jusqu'à la porte du fond madame Piquendaire qui sort.)

SCÈNE X

DANDIN, seul.

Monsieur ne l'échappera pas ! voyons... rentrons cette robe, puisque Monsieur n'a pas voulu l'essayer ! Dire que quand on a ce grand sac noir sur le dos... on est avocat ! ah ! le joli métier... on ouvre la bouche, et l'argent vous tombe dans la poche... sans compter l'amusement... *le huisse clos*... Les petites dames, c'est Monsieur qui ne s'en fait pas faute... en a-t-il de ces occasions... j'ai manqué mon affaire... j'étais né pour être avocat ! j'ai de l'organe... je peux parler long-temps... et quand j'aurais eu cette robe là sur les épaules, je n'aurais pas arrêté..... (Il déploie la robe) je suis sûr que je ne serais pas plus mal qu'un autre là dessous... si j'es-sayais... Monsieur est au Palais... Madame à sa toilette, (Il revêt la robe,) où sont les bras ? Ah !... (Il se regarde dans la glace.) Pas mal ! maître Dandin ! J'ai vu Monsieur dans le procès Piquendaire... il n'avait pas plus de cachet... l'a-t-il assez tarabusté, le Piquendaire !... c'est drôle, je me sens tout chose là-dessous... oui, ça me monte... si je voulais en dégoiser... Tiens !... je sens que ça vient !.. oui,... ça bouil-lonne et je dirais tout aussi bien que maître Colibri. (S'ap-

* Mad. Piquendaire, Dandin.

puyant sur le dossier de la chaise près du bureau.) Messieurs.....
(Il retrousse ses manches.) L'homme que vous avez à juger, quel
est-il ? je vais vous le dire... Ce Piquendaire, c'est un rien
du tout, un pas grand chose, un mangeur de biens, ne ba-
raguignons pas, c'est un polisson. (Piquendaire qui est entré au
moment où Dandin l'interpelle, laisse achever la phrase et lui ap-
plique un coup de pied où le rein perd son nom.)

SCÈNE XI

DANDIN, PIQUENDAIRE. *

DANDIN, sans bouger.

On a frappé !

PIQUENDAIRE.

Et je vais frapper encore, moi, le polisson !...

DANDIN, se sauvant.

Le Piquendaire ! Monsieur, vous salissez ma toge !

PIQUENDAIRE.

J'en ferai de la charpie de ta toge, pour panser tes oreilles
que je vais te couper, avocat du diable ! et que je t'aurais sup-
primées dès hier, si j'avais assisté à l'audience... Entendez-
vous, maître Colibri ?

DANDIN, à part.

Hein ! Il me prend pour mon maître !

PIQUENDAIRE, le poursuivant et le forçant à faire le tour de la table-
bureau.

Ah ! tu as tiré sur moi à boulets rouges... tu t'es imaginé
avoir affaire à un mari débonnaire... à une ganache...**mais
dans la peau de cette ganache se trouve un ancien sous-officier du train. (Il articule à peine cette dernière phrase.)

DANDIN.

Un ancien !...

PIQUENDAIRE, de même.

Sous-officier du train ! j'ai servi, monsieur l'avocat.

DANDIN.

Moi, monsieur, je sers encore...

PIQUENDAIRE.

Et je te tuerai comme un moineau, maître Colibri.

* Dandin, Piquendaire.
** Piquendaire, Dandin.

DANDIN.

Monsieur, si c'est une affaire que vous cherchez... (A part.) soutenons l'honneur du corps.

PIQUENDAIRE.

Enfin... tu commences à comprendre... je te laisse le choix des armes... tes armes.

DANDIN, tombant sur le canapé et s'emparant du plumeau qui est sur la cheminée.

Mes armes !

PIQUENDAIRE.

L'épée, le pistolet ou la carabine? quel est ton café ?

DANDIN, surpris.

Mon café ?

PIQUENDAIRE.

Oui... tu as un café ?

DANDIN, se levant.

Mais non, je n'en ai pas.

PIQUENDAIRE.

J'attends tes témoins au café de la Rotonde.

DANDIN, à part.

Tu les attendras longtemps.

PIQUENDAIRE.

Au café de la Rotonde, (Même prononciation.) je suis un ancien sous-officier du train ! (Il sort.)

SCÈNE XII

DANDIN, courant à la porte du fond.

Ah ! mais, ah ! mais !

PICQUENDAIRE, * reparaissant.

Dans une heure... tu entends, dans une heure... (Dandin revient vivement à l'avant-scène.)

DANDIN, près du bureau.

Si le métier d'avocat a ses roses... il a aussi ses chardons... il est enragé cet ancien sous-officier du train... je crois que je lui laisserai le temps de prendre son absinthe... Otons ces insignes... (Il défait sa robe.) Ah! j'ai sauvé à Monsieur une fameuse algarade... sans moi... il le recevait en plein...

* Dandin, Piquendaire.

SCÈNE XIII.

DANDIN, JULIETTE. *

JULIETTE, sortant de gauche.

Qui donc était ici Dandin ? Il me semble avoir entendu du bruit...

DANDIN, embarrassé.

C'est quelqu'un qui se trompait d'étage, madame...

JULIETTE.

Monsieur n'est pas encore revenu du Palais ?

DANDIN.

Non madame...

JULIETTE, en se retournant aperçoit sur le bureau le bouquet de violettes de Parme.

Un bouquet de violettes de Parme.,. que signifie ?.. (A Dandin qui s'apprête à sortir, et prenant le bouquet.) D'où vient ce joli bouquet, Dandin ?

DANDIN.

Ce bouquet... Tiens, je ne l'avais pas vu... Il aura poussé... c'est une serre chaude ici.

JULIETTE.

Faites-donc l'ignorant... vous savez fort bien qui a apporté ce bouquet.

DANDIN.

Madame, je vous jure...

JULIETTE.

C'est une cliente sans doute ?

DANDIN, à part.

Elle me tâte... (Haut.) Je n'ai pas bougé d'ici... et je n'ai vu personne.

JULIETTE.

Au reste, il n'y a rien d'extraordinaire à ce que mon mari reçoive des fleurs.

DANDIN, à part.

Elle veut m'enguirlander.

JULIETTE.

Il en reçoit beaucoup, n'est-ce pas ?

DANDIN.

Oh ! non, madame... c'est le premier bouquet.

JULIETTE, dépitée et à part.

Ce domestique est bien dressé... ce bouquet n'est pourtant pas venu tout seul... Il a du être accompagné d'une carte

* Juliette, Dandin.

d'une lettre... (Elle dépose le bouquet sur le bureau et cherche.) Il faut que je sache...

DANDIN, emportant le costume d'avocat.

Ah! madame... je vous en prie, ne farfouillez pas sur le bureau de Monsieur... Il ne veut pas que l'on touche à ses papiers...

JULIETTE, cherchant.

C'est bien... c'est bien... mêlez-vous de ce qui vous regarde.

DANDIN.

Mais madame... je suis responsable...

JULIETTE.

Sortez...

DANDIN.

Mais...

JULIETTE.

Sortez, vous dis-je!..

DANDIN, sortant.

Pourvu qu'elle ne découvre pas le pot aux roses! (Il sort à droite.)

SCÈNE XIV

JULIETTE, seule assise.

Ah! des écritures de femmes... voilà le bouquet probablement... (Elle lit.) Amour d'avocat! (Parlé.) Quel ton!... et avec cela l'envoi d'un porte-cigare... brodé des blanches mains de mademoiselle Cora... J'en apprends de belles... Poursuivons... (Elle lit.) « Voulez-vous avoir la bonté d'accor- « der quelques instants d'audience à une ennemie intime? « Elle désire vous proposer un traité de paix!.. Alice « Champigny, artiste dramatique. » Ah! par exemple!.. voilà qui est fort!...

SCÈNE XV

JULIETTE, MADAME PIQUENDAIRE.

MADAME PIQUENDAIRE, entre essoufflée et tombe sur une chaise près la porte du fond.

Ouf! je n'en puis plus!

JULIETTE **.

Quelle est cette femme qui s'installe? Pardon, madame...

_____

* Juliette, mad. Piquendaire.

MADAME PIQUENDAIRE.

Une étrangère !

JULIETTE.

Vous demandez mon mari ?

MADAME PIQUENDAIRE, se lève.

Vous êtes madame Colibri ? Eh bien ! madame, vous pouvez vous vanter d'avoir un mari introuvable... charmant, mais introuvable... depuis ce matin je cours après lui...

JULIETTE.

Mon Dieu ! madame, il est au Palais.

MADAME PIQUENDAIRE.

J'en arrive, j'ai parcouru toutes les chambres, interrogé tous les huissiers, je suis très-connue là-bas... pas l'ombre d'un Colibri...

JULIETTE.

C'est singulier !... il avait pourtant dit... Vous êtes une de ses clientes, madame ?...

MADAME PIQUENDAIRE.

Une malheureuse femme que son chenapan d'époux trompait comme dans un bois... Figurez-vous, chère dame, que je m'étais follement éprise du képi d'un sous-officier du train.

JULIETTE, riant.

Vous aviez un faible pour l'uniforme ?

MADAME PIQUENDAIRE.

C'était ma turlutaine, et j'ai été bien punie... Je me laissai subjuguer à une revue du Champ-de-Mars !...

JULIETTE, à part.

Qu'est-ce que ça me fait ?

MADAME PIQUENDAIRE.

Il était vraiment beau sous les armes, le monstre !... Je le rachetai du service, et je l'épousai... Son premier sourire me coûta 1850 francs... Je croyais vivre heureuse à l'ombre de nos drapeaux... je le mis dans du coton... je lui fis une existence de Sybarite.

JULIETTE.

Quel supplice !...

MADAME PIQUENDAIRE.

Eh bien ! savez-vous comment il me récompensait... en faisant danser l'anse du panier domestique avec une fille de théâtre, avec une baladine...

JULIETTE.

Eh ! madame !... (Elle s'assied au bureau.)

MADAME PIQUENDAIRE.

J'en ai la preuve écrite... une photographe de ma rivale...

avec cette dédicace soldatesque : A mon grand tourlourou !...
Un jour enfin, n'a-t-il pas l'aplomb de me dire : Mon petit
pompon... nous ne dînerons pas ensemble aujourd'hui... j'ai
mon dîner des officiers !... Un soupçon me traverse ; je lui dis :
au revoir, mon ami, amuse-toi bien. Une heure après, je le
surprenais au Moulin-Rouge en cabinet particulier.

JULIETTE.

La loi est pour vous.

MADAME PIQUENDAIRE.

Heureusement ! je suis séparée, et grâce à maître Colibri ;
mais ce n'est pas tout, l'infâme ose me demander une pension
alimentaire... et voilà pourquoi il me faut mon défenseur à
tout prix, je n'ai pas envie d'alimenter cette créature... Cette
Alice Champigny.

JULIETTE, se levant.

Alice Champigny ! cette femme s'appelle ?...

MADAME PIQUENDAIRE.

Alice Champigny !

JULIETTE.

Vous connaissez son écriture ?

MADAME PIQUENDAIRE.

Je suis payée pour cela...

JULIETTE, prenant la lettre d'Alice sur le bureau.

Tenez, voyez...

MADAME PIQUENDAIRE.

Ce sont ses horribles pattes de mouche... je les recon-
nais... (Parcourant la lettre) Que lis-je ? ah ! la coquine ! Elle
m'a pris mon mari, elle veut encore me souffler mon avocat...

JULIETTE.

Mais votre avocat, c'est mon mari, à moi !...

MADAME PIQUENDAIRE.

Ah ! pauvre dame ; méfiez-vous... c'est une sirène de l'espèce la plus dangereuse..... veillez au grain.

JULLIETTE, avec calme.

Soyez tranquille, j'y veillerai.

SCÈNE XVI

LES MÊMES, COLIBRI.

Colibri entre du fond et dépose sa serviette d'avocat sur le bureau *.

MADAME PIQUENDAIRE.

C'est lui !...

* Colibri, Juliette, mad, Piquendaire.

JULIETTE, à Madame Piquendaire.

Laissez-moi faire, (A Colibri) arrivez donc, mon ami, madame vous attend depuis une heure !

COLIBRI.

Je vous demande pardon... je ne sais plus où j'ai la tête !.. (A part) Impossible de me dégager. Alice n'était pas chez elle!

JULIETTE.

A quoi pensez-vous donc ?

COLIBRI, à part.

Il faut en finir... (Haut) je suis bien contrarié, va,... je me faisais une fête de dîner avec toi chez ton père.

JULIETTE.

Eh bien ?

COLIBRI.

Eh bien ! il me tombe une tuile. C'est aujourd'hui... le dîner des avocats.

JULIETTE, ironique.

Le dîner des avocats !

MADAME PIQUENDAIRE, à Juliette.

Le dîner des officiers !

COLIBRI.

Je dois prendre la parole au dessert... et je ne puis me dispenser...

JULIETTE, d'un air goguenard.

Et tu ne le savais pas ce matin ?

COLIBRI, embarrassé.

La joie de te revoir me l'avait fait oublier... on vient de me le rappeler tout-à-l'heure au palais.

JULIETTE.

Vous venez du Palais ?

COLIBRI.

Certainement.

MADAME PIQUENDAIRE, à part.

Ça se gâte, et c'est moi qui suis cause.

JULIETTE.

Comment se fait-il? Madame en arrive, et on lui a assuré qu'on ne vous y avait pas vu.

COLIBRI.

C'est une erreur ! (A part.) Vieille Pimbêche !... (Dandin entre du fond et passe derrière le bureau.)

MADAME PIQUENDAIRE.

Mon Dieu.... j'ai pu être mal renseignée.... ce palais est plein de détours.... un véritable labyrinthe ! (A part.) soyons son Ariane !

* Dandin, Colibri Juliette, mad. Piquendaire.

COLIBRI, à madame Piquendaire.

Enfin, madame, me voici retrouvé, que me voulez-vous?

SCÈNE XVII

LES MÊMES, DANDIN.

DANDIN.

Monsieur. (Il s'arrête en voyant Juliette et Madame Piquendaire. Bas). Mademoiselle Alice est là...

COLIBRI, bas.

Fais-la entrer dans le petit salon. (Dandin sort par le fond.)

JULIETTE *, à part.

Encore du mystère.

MADAME PIQUENDAIRE.

Nous disions donc, maître Colibri que M. Piquendaire**... (Elle passe.)

COLIBRI.

Ah! madame... c'est comme un fait exprès... Il m'est impossible de vous écouter en ce moment...

MADAME PIQUENDAIRE,

Encore un sursis?

JULIETTE, ironique.

Une cliente que vous attendez peut-être?

COLIBRI.

Non, mais un client... qui arrive de la Champagne, et qui repart ce soir.

JULIETTE.

Eh bien! et Madame?

COLIBRI.

Madame... Madame... j'en suis désolé... je ne puis pourtant pas manquer un rendez-vous.

JULIETTE, soupçonnant.

Surtout avec un Champenois!

MADAME PIQUENDAIRE.

N'insistez pas, madame, je puis revenir.

COLIBRI, vivement.

Demain, je serai tout à vous.

MADAME PIQUENDAIRE.

Demain, soit, je me retire! (Elle remonte, Juliette passe ***.)

COLIBRI, à part.

Ouf!

* Colibri, Juliette, mad. Piquendaire.
** Colibri, mad. Piquendaire, Juliette.
*** Colibri, Juliette, mad. Piquendaire.

MADAME PIQUENDAIRE.

J'ai une voiture, si vous voulez accepter une place?

JULIETTE.

Volontiers !

COLIBRI.

C'est ça... j'irai le chercher, ma bonne petite! Eh bien!
tu ne m'embrasses pas !

JULIETTE.

C'est inutile, vous n'avez pas le temps !...

ENSEMBLE.

Air : *Laissez-moi seule avec ma tante.*

JULIETTE,

Adieu le plaisir vous appelle
Que rien n'arrête ici vos pas,
Au rendez-vous soyez fidèle
Pour le dîner des avocats.

COLIBRI.

C'est le devoir seul qui m'appelle
Si le plaisir guidait mes pas,
Je te suivrais époux fidèle
Loin du dîner des avocats.

MADAME PIQUENDAIRE.

La ruse n'est guère nouvelle!
Ce qui pour moi, se nomme hélas !
Dîner des officiers... pour elle,
C'est le dîner des avocats ;

(Juliette et Madame Piquendaire sortent par le fond.)

SCÈNE XVIII

COLIBRI un instant seul, puis DANDIN, ALICE.

COLIBRI, seul,

J'ai cru un instant qu'elle avait des idées... mais non, les
choses ont mieux tourné que je ne le pensais. Elle est partie,
je n'ai plus rien à craindre... (Sonnant) au rideau !... (Dandin
paraît à droite.) Fais entrer. (Dandin ouvre la porte. Alice paraît en-
veloppée dans un grand burnous.)

DANDIN, bas.

Par ici, madame, par ici. (Il sort.)

ALICE *

C'est encore moi.

* Colibri, Alice.

COLIBRI.

Quelle bonne fortune inespérée... je ne comptais pas vous voir avant ce soir !

ALICE.

Ce soir... je n'aurais pas eu sous la main toutes les pièces de conviction... que je vous apporte...

COLIBRI.

Ah !

ALICE.

D'abord voïci mon engagement... vous verrez que rien ne m'oblige à jouer les statues ; ensuite voici le style de mon directeur.

COLIBRI, prenant les lettres.

La correspondance secrète... (Il lit.) « Ma chère Nini, vous « êtes donc de marbre...

ALICE.

Je l'espère bien.

COLIBRI, lisant.

« Vous savez que je puis tout pour votre avenir... Venez » me voir de trois à quatre, nous causerons. »

ALICE.

Le reste est à l'avenant, toujours la même note, et comme je n'aimais pas cette note-là...

COLIBRI.

Tout cela est parfait !.... mais la question du costume ? Voilà le point capital, j'aurais bosoin de savoir au juste à quoi m'en tenir... et si vous pouviez me donner le croquis...

ALICE.

Mieux que cela !... je suis femme de prévoyance !... Changement à vue... le costume demandé !... (Elle jette sur le canapé son burnous et démasque un costume de féerie. — Elle prend une pose.)

COLIBRI.

Sapristi ! vous avez l'air de sortir d'une trape.

ALICE.

Je sors du théâtre où l'on répétait en costume... j'ai voulu vous fournir la preuve.

COLIBRI, l'examinant.

C'est Galathée... après Pygmalion...

ALICE.

Eh bien ! vous n'êtes pas indigné ?

COLIBRI.

Si fait... si fait... c'est scandaleux !..... mais vous comprenez, à première vuel. Il faut pourtant bien se rendre compte... (La prenant par la main.) Pivotez... légèrement : (Alice se retourne. Elle passe.)

ALICE.

Voyons sérieuseusement... trouvez-vous, qu'avec ce costume je puisse décemment paraître devant le public ?

Air : *Je loge au quatrième étage.*

Cette robe... soyez sincère...
COLIBRI.
Est faite pour tout dessiner.
ALICE.
Et cette gaze si légère !
COLIBRI.
Laisse encor bien à deviner...
Que de choses à deviner !
ALICE.
Dans l'intérêt de sa cliente,
Mon défenseur n'oubliera pas
Qu'elle est au moins trop peu montante.
COLIBRI.
Trop peu montante... oui, d'en bas
Je la trouve trop peu montante,
Mais en commençant par en bas.

ALICE.

Dites tout de suite que mon directeur a raison.
COLIBRI.
Ne vous fâchez pas. Il a tort ! Cent fois tort !... Et la preuve... (Il l'embrasse sur l'épaule.) Voilà à quoi il vous expose...
ALICE.
A quoi il vous expose vous-même.
COLIBRI, l'embrassant sur l'épaule.
C'est d'une immoralité !
ALICE, * le repoussant et passant.
Encore, ah ! maître Colibri, c'est ainsi que vous prenez ma défense.
COLIBRI.
J'embrasse votre cause... je m'en pénètre... je m'en inspire... Et fort de ma conviction... je leur dirai, aux juges...
ALICE.
Que leur direz-vous ?
COLIBRI.
Je leur dirai : Cette jeune et charmante artiste que vous avez devant vous..... (A Alice.) Il faudra venir à l'audience... (Continuant de plaider.) Cette jeune artiste est victime d'un odieux guet-à-pens : Vous l'avez applaudi cent fois dans des rôles où

* Alice, Colibri.
** Colibri, Alice.

brillaient son esprit, son ingénuité... (A Alice.) vous baisserez les yeux...

ALICE.

Comme cela ?

COLIBRI.

Oui, l'air penché. Que d'ingénuité !.. (Plaidant.) Eh bien ! savez-vous à quel emploi on veut la réduire, on prétend en faire un tableau vivant, on veut la travestir en statue ! Vous porterez votre mouchoir à vos yeux (pantomime d'Alice.) Bien. (Plaidant.) Elle est belle comme une Vénus de Pradier, elle a des attraits qu'un voile modeste embellit encore... on veut la forcer à déchirer ce voile. On veut qu'elle affiche sur des tréteaux, aux feux éclatants de la rampe, des grâces qui cherchent l'ombre. — On la contraint par exploit d'huissier à les livrer à la curiosité des jumelles, à l'inquisition des pince-nez !...

ALICE.

Bravo ! bravo !

COLIBRI, continuant.

Vous empêcherez cette profanation, Messieurs...

ALICE, sur le même ton.

Cette profanation... qui ne s'arrête pas là !

COLIBRI.

Comment?

ALICE, plaidant.

Non, Messieurs, non, ce n'est pas tout... la statue va s'animer... le sang va circuler dans ses veines de marbre... et c'est l'amour qui fera ce miracle !

COLIBRI.

Vous plaidez comme un ange !

ALICE, changeant de ton.

Sérieusement, voici la situation... (Musique en sourdine.) Le prince Frivolin...

COLIBRI.

Joli nom !

ALICE.

Revient de sa résidence royale : le Prado. Il y a fait connaissance de la maschera, une ballerine de distinction, dont il rêve et qu'il voit partout. Il me prend pour elle, et sous l'empire de son regard magnétique, je sens que je m'assouplis... j'essaie un mouvement, puis deux !... et... suivez-moi bien !...

Air :

L'air naïf
Et craintif,

Par prudence
Je commence,
Doucement
En tremblant.
Un pas modeste et décent,
En touchant la terre
Mon pied s'enhardit...
Ma jambe est légère
Et se dégourdit,
Puis bientôt je pince
Avec agrément,
Pour charmer le prince
Un pas plus vivant.

bis.

(Elle danse.)

COLIBRI.

En la voyant, j'ai souvenance
De mon bon temps au vrai Prado,
Et je suis près d'entrer en danse
Comme au procès du fandango.

ENSEMBLE.

ALICE.

A nous deux
C'est bien mieux...
Vite ensemble
Il me semble,
Qu'il vaut mieux
Être deux...
Nombre cher aux amoureux !

ALICE, seule.

Ma jambe est légère
Et se dégourdit...
Je sens sur la terre
Mon pied qui bondit...
Et voilà, mon prince,
Toujours crescendo
Voilà comme on pince
Le pas du Prado !

COLIBRI.

A nous deux
C'est bien mieux...
Vite ensemble
Il me semble
Qu'il vaut mieux
Être deux...
Nombre cher aux amoureux !
Ma jambe est légère
Et se dégourdit...
Je sens sur la terre

Mon pied qui bondit...
Et voilà qu'en prince,
Toujours crescendo
Voilà que je pince
Le pas du Prado !

REPRISE ENSEMBLE.

Ma jambe est légère, etc.

SCÈNE XIX

LES MÊMES, JULIETTE. *

ALICE, apercevant Juliette.

Une dame !...

COLIBRI, à part.

Ma femme !... (Il va à son bureau et prend des papiers.)

JULIETTE, entrant du fond.

Continuez donc, maître Colibri... c'est charmant !... que je ne vous interrompe pas.

COLIBRI dans le plus grand trouble.

Une cliente !... je prenais des notes... je finissais...

JULIETTE.

J'ai assisté à la péroraison.

ALICE, à Colibri.

Madame est sans doute la parente de province dont vous m'avez parlé ?

JULIETTE, étonnée.

La parente de province ?

COLIBRI, à part.

Je suis pris !

JULIETTE.

En effet, je suis cette parente.

ALICE ** remettant son burnous.

Eh bien, mon cher avocat, je ne veux pas abuser de vos instants.... je vous laisse avec madame.... nous reviendons, en dînant, sur ce plaidoyer... ce sera mon dessert !...

COLIBRI, à part.

C'est le coup de grâce !

ALICE, s'apprêtant à sortir.

A bientôt... (Saluant Juliette.) Madame !...

JULIETTE, à Colibri.

Offrez donc la main à madame !...

* Colibri, Juliette, Alice.
** Colibri, Alice, Juliette.

ENSEMBLE.

Air : *Partez puisque votre aspect.*

ALICE, prenant la main de Colibri.
Mon cher avocat vraiment
  Près de sa parente,
  Devient avec sa cliente
  Beaucoup moins galant.

COLIBRI.
J'ai bien peur en ce moment
  Près de ma parente,
  D'être aux yeux de ma cliente
  Beaucoup moins galant.

JULIETTE.
Le cher avocat vraiment
  Près de sa parente
  Devient avec sa cliente
  Beaucoup moins galant.

(Alice sort reconduite par Colibri.)

SCÈNE XX

JULIETTE, COLIBRI, *

COLIBRI, à part.
Payons d'audace ! (Haut.) Ah ! ça, madame, qu'est-ce que cela signifie?... je vous quitte il y a dix minutes.... vous me dites que vous allez chez votre père... et vous tombez à l'improviste dans ce cabinet... une pareille inquisition...

JULIETTE, ironiquement.
Plaignez-vous... je vous le conseille... il me semble plutôt que vous devriez me remercier, je ne vous ai pas compromis, je n'ai pas dit que je fusse votre femme.

COLIBRI.
Enfin, madame...

JULIETTE, froidement.
Je suis venue vous dire que je n'étais pas votre dupe.

COLIBRI.
Comment !

JULIETTE.
Je comprends à présent pourquoi vous me conseilliez l'air des champs... je sais à quoi m'en tenir sur la nature des consultations que vous donnez à cette comédienne, et sur ce fameux dîner d'avocats.

* Colibri, Juliette.

COLIBRI.

Ah! voilà le grand crime... parce que je n'ai pas voulu te faire de peine... les femmes sont si ombrageuses!....j'ignorais ton retour, et j'ai accepté une invitation.

JULIETTE, ironiquement.

Chez cette dame?

COLIBRI.

Eh bien oui... chez elle... mais c'est un dîner d'affaires que je ne pouvais refuser... la profession d'avocat a ses exigences. Et la question des honoraires, tu n'y penses pas, toi!...

JULIETTE.

Ils sont jolis vos honoraires... des porte-cigares brodés à votre chiffre !

COLIBRI.

Qu'est-ce que ça prouve ?

JULIETTE.

Ce que ça prouve ? (Elle passe.) *... nous verrons bien!... nous verrons si l'existence que vous menez est celle d'un homme marié !... et s'il est permis de venir ici, en costume, donner des représentations à votre bénéfice !...

COLIBRI.

Allons, bon, la voilà lancée...

JULIETTE.

Et si, moi, votre femme, je suis obligée de prendre ma stalle pour un pareil spectacle !

COLIBRI.

Tu es folle !

JULIETTE.

Pas tant que vous croyez... vous ne ferez pas de ma maison le refuge des Madeleines repentantes !... je ne le souffrirai pas; si vous oubliez vos devoirs, je n'oublierai pas mes droits... Je vous l'ai dit n'est-ce pas... eh bien ! je tiendrai ma parole...

COLIBRI.

Comment?

JULIETTE.

Article 216... lorsque la femme surprendra son mari avec sa maîtresse dans le domicile conjugal !...

COLIBRI, achevant.

Elle sera admise à demander la séparation... Comme tu y vas, chère amie ! une femme que je vois pour la première fois... Allons, assez d'enfantillage comme cela.

JULIETTE.

Vraiment !... eh ! bien tâchez d'avoir autre chose à répon-

* Juliette, Colibri.

dre à vos juges.... car j'y suis bien décidée, c'est devant eux
que vous aurez à vous défendre...

COLIBRI.

Voyons Juliette... si c'est ce malheureux dîner, je n'irai
pas !

JULIETTE, remonte vers la gauche.

Il est trop tard ! vous pouvez bien y aller... peu m'importe...
quant à moi, je vais me retirer chez mon père où j'attendrai
la décision de la justice.

COLIBRI.

Tu ne feras pas cela ?

JULIETTE, sortant.

C'est mon dernier mot ! (Juliette entre dans sa chambre à gauche
et ferme la porte sur elle).

SCÈNE XXI

COLIBRI, seul. Il frappe à la porte de la chambre.

Juliette !.. Juliette... écoute-moi.... Elle s'enferme ! Juliette
ma petite femme.... Je n'aime que toi... je le jure... Elle ne
me répond pas... c'est qu'elle est capable d'agir comme elle
l'a dit !... Rien !.... Elle est partie ! oh ! mais je vais la rejoin-
dre... me justifier.... ce dîner-là me coûterait trop cher !...

DANDIN, au dehors.

Vous n'entrerez pas !

SCÈNE XXII

LES MÊMES, MADAME PIQUENDAIRE. *

MADAME PIQUENDAIRE, repoussant Dandin qui va rouler sur un
fauteuil.

Je te dis que j'entrerai, méchant gamin !

COLIBRI qui a pris son chapeau.

Encore vous, madame !

MADAME PIQUENDAIRE.

Oui, moi ! moi, qui viens vous sauver, ingrat !

COLIBRI.

Me sauver !

MADAME PIQUENDAIRE.

Mon mari est sur mes talons... et se dirige de ce côté...
armé comme une panoplie..

* Mad. Piquendaire, Colibri, Dandin.

DANDIN, à part.

Il vient me chercher.

MADAMDE PIQUENDAIRE.

Mes pressentiments ne m'ont jamais trompée !... Il veut vous égorger... fuyez, cachez-vous.

DANDIN.

Cachons-nous ! cachons-nous !

COLIBRI.

Me cacher ! à quel propos ? je vais à sa rencontre...

MADAME PIQUENDAIRE, le retenant.

Vous ne sortirez pas.

COLIBRI, voulant sortir.

Laissez-moi, vous dis-je !

MADAME PIQUENDAIRE, retenant la porte dont elle retire la clé.

Je le sauverai malgré lui !

PIQUENDAIRE, au dehors frappant violemment à la porte.

Ouvriras-tu misérable ? ah ! tu t'es enfermé, lâche ! Mais dussé-je enfoncer la porte ? (La porte cède sous l'effort de Piquendaire, Juliette attirée par le bruit entre de gauche).

SCÈNE XXIII

LES MÊMES, JULIETTE, PIQUENDAIRE. *

JULIETTE, entrant de gauche.

Quel est ce bruit ?

PIQUENDAIRE.

Où est-il ? où est-il ? (Apercevant Dandin qui s'efface). Lui !... en domestique... un avocat se déguiser en laquais...

DANDIN.

Monsieur !

PIQUENDAIRE.

Et tu me fais poser depuis deux heures au café de la Rotonde ?

COLIBRI.

Ah ça, monsieur, m'expliquerez-vous pourquoi vous venez faire un pareil vacarme chez moi ?...

PIQUENDAIRE.

Chez vous ?

COLIBRI.

Et ce que vous voulez à mon domestique ?

PIQUENDAIRE.

Votre domestique :... cet homme est votre domestique ?

* Mad. Piquendaire, Juliette, Piquendaire, Colibri, Dandin.

COLIBRI.

Sans doute.

PIQUENDAIRE.

Vous êtes M. Colibri et c'est ce faquin qui a pris votre place, à qui j'ai administré... qui a reçu... (Dandin remonte *.)

COLIBRI.

Dandin, m'expliquerez-vous?

DANDIN.

C'est un malentendu, monsieur, je tenais votre robe, l'illusion... Monsieur a cru que j'étais vous. Il a pris la chose du mauvais côté — question de costume... (Il remonte.)

COLIBRI.

Je comprends!... Monsieur s'est présenté ici en mangeur d'avocats. Il a tiré son grand sabre contre mon ombre, ne s'imaginant sans doute pas que derrière cette ombre, se trouvait un homme... Et cet homme, c'est moi!

JULIETTE.

Mon ami!

MADAME PIQUENDAIRE.

Aussi brave qu'éloquent!

COLIBRI.

Vous avez insulté mon domestique, croyant m'insulter... j'exige une réparation...

DANDIN.

J'ai tout oublié.

PIQUENDAIRE.

Je suis à vos ordres... Monsieur! sortons!

JULIETTE.

Madame, ne m'abandonnez pas!

MADAME PIQUENDAIRE.

Pauvre petite!... arrêtez! ** (Elle passe.)

COLIBRI.

Soyez tranquille madame, un mauvais coup d'épée vaut mieux qu'un bon procès, je vais vous délivrer de votre mari, et vous n'aurez plus de pension alimentaire à lui payer.

PIQUENDAIRE.

C'est ce que nous allons voir!

MADAME PIQUENDAIRE, * passe.

Arrêtez vous dis-je — j'apporte la branche d'olivier — (S'adressant à son mari) M. Piquendaire...

PIQUENDAIRE.

Madame!

* Mad. Piquendaire, Juliette, Colibri, Dandin, Piquendaire.
** Juliette, mad. Piquendaire, Colibri, Piquendaire, Dandin.
*** Juliette, Colibri, mad. Piquendaire, Dandin.

MADAME PIQUENDAIRE.

Que diriez-vous, si je consentais à jeter un voile sur le passé ?

PIQUENDAIRE.

Plaît-il ?

MADAME PIQUENDAIRE.

Si j'oubliais le dîner des officiers ?

JULIETTE, à part à son mari.

Et moi le dîner des avocats ?

PIQUENDAIRE.

Expliquez-vous, madame ! expliquez-vous !

MADAME PIQUENDAIRE.

Connaissez-vous cette petite clé ?

PIQUENDAIRE.

La clé de la caisse !.. (Il va pour la prendre.) Clorinde !

MADAME PIQUENDAIRE.

Faites vos excuses à l'offensé.

PIQUENDAIRE.

Des excuses !..

DANDIN, à part.

Noble femme !. (Il revient près de Piquendaire.)

PIQUENDAIRE, réfléchissant.

Un procès douteux d'un côté... la clé de la caisse de l'autre (S'adressant à Colibri) M. Dandin !..

DANDIN.

Par ici, monsieur, par ici.

PIQUENDAIRE, à Colibri.

Je regrette d'avoir pris un maroufle comme vous pour un galant homme, et je demande pardon à monsieur de ma méprise.

JULIETTE, à Colibri.

Cela te suffit-il? (Colibri tend la main à Piquendaire, Dandin la lui tend également.)

DANDIN, à Piquendaire.

Sans rancune, monsieur !

PIQUENDAIRE, donne la main à Colibri.

Sans rancune. (Colibri s'approche du bureau et écrit.)

MADAME PIQUENDAIRE.

Votre bras, M. Piquendaire. (Ils remontent.)

COLIBRI*, donnant à Dandin la lettre qu'il a écrite.

Pour Mademoiselle Alice Champigny (A Juliette.) Et nous, chère amie, allons dîner chez ton père.

JULIETTE, à Colibri.

Voilà pour aujourd'hui... mais demain ?

* Juliette, Colibri, Dandin, Piquendaire, mad. Piquendaire.

COLIBRI.

Demain, l'avocat des dames aura fait place au substitut de Montreuil!

MADAME PIQUENDAIRE. *

Cela me coûte cher, (Regardant Colibri tendrement) mais il est sauvé!

JULIETTE, au public.

Air : *Du baiser au porteur.*

Devant une cour redoutable
Ce n'est plus maître Colibri,
Qui comparaît, c'est un coupable
Et ce coupable est mon mari,
Le pêcheur n'est pas endurci...
Assez longtemps, il a des femmes
Plaidé la cause avec éclat,
Et c'est à votre tour, mesdames,
De plaider pour votre avocat.

TOUS.

Et c'est à votre tour, etc.

* Juliette, Colibri, mad. Piquendaire, Piquendaire, Dandin.

FIN.

Coulommiers. — Typ. de A. MOUSSIN et Charles UNSINGER.